RECHERCHES

SUR LE RAPPORT EXISTANT

ENTRE LE NOMBRE DES MORT-NÉS

ET CELUI DES DÉCÈS

A PARIS, PENDANT TREIZE ANNÉES, DE 1846 A 1858

MÉMOIRE LU A L'ACADÉMIE DE MÉDECINE

PAR

M. LE DOCTEUR D. DEVILLE

Médecin de la Préfecture de la Seine,
Médecin-inspecteur de la vérification des décès,
Membre de la Société de médecine du département de la Seine,
Officier de la Légion d'honneur, etc.

PARIS

VICTOR MASSON ET FILS

PLACE DE L'ÉCOLE-DE-MÉDECINE

1862

Extrait de la Gazette hebdomadaire de Médecine et de Chirurgie.

Paris. — Imprimerie de L. MARTINET, rue Mignon, 2.

RECHERCHES

SUR LE RAPPORT EXISTANT ENTRE LE NOMBRE DES MORT-NÉS

ET CELUI DES DÉCÈS

Dans un travail que j'ai eu l'honneur de lire à l'Académie impériale de médecine au mois de février dernier, travail ayant pour titre : RECHERCHES STATISTIQUES SUR L'ACTION DU SEIGLE ERGOTÉ DANS LA PARTURITION, je disais que la mortalité des enfants, *dits mort-nés*, allait toujours en augmentant à Paris ; et, tout en reconnaissant que cet accroissement de mortalité était dû à plusieurs causes, je l'attribuais principalement aux avortements provoqués et à l'administration trop fréquente du seigle ergoté. Je prenais, en même temps, l'engagement de démontrer par des preuves irrécusables la vérité de mes assertions. C'est cet engagement que je viens remplir aujourd'hui, bien persuadé que, si des questions de cette nature sont dignes de toute la sollicitude de l'administration, elles ne sauraient manquer d'avoir pour les médecins un puissant intérêt. Aussi est-ce comme objet d'étude médico-légale que je les livre aux méditations de l'Académie, et que je les soumets à son appréciation éclairée.

Je ferai connaître d'abord, le résultat de mes recherches comme médecin inspecteur de la vérification des décès pendant treize années dans trois arrondissements de Paris, les 4e, 5e et 6e, et je comparerai le nombre des enfants mort-nés, par rapport à la mortalité générale, de 1846 à 1858.

Puis, pour donner plus d'autorité à mes investigations, je les ferai suivre de documents officiels pris dans les neuf autres arrondissements de Paris, avec le chiffre de la mortalité générale à domicile pendant les mêmes treize années, en indiquant la proportion des enfants mort-nés par rapport à la mortalité générale.

De la sorte, mes observations porteront sur la ville entière de Paris, de 1846 à 1858 (1).

Je rapprocherai cette mortalité de celle de toute la France, depuis l'époque où l'état civil a commencé à distinguer les mort-nés de la mortalité générale. Je démontrerai que la proportion des mort-nés tend toujours à s'accroître et, comme les chiffres conduisent nécessairement à des inductions, ceux que je prendrai dans la statistique générale me fourniront plus que des présomptions pour déterminer les causes de cet accroissement qui est loin d'être sans importance sur la population du pays.

J'examinerai ensuite la question des avortements provoqués, et tout ce qui se rattache, moralement et physiquement, à ce genre de crime au point de vue de la science et de la police médicale.

Je rappellerai brièvement les faits que j'ai signalés dans un premier mémoire sur l'action du seigle ergoté comme cause de la mort des enfants.

Enfin, de l'ensemble de cet exposé je tirerai des conséquences, et je formulerai, comme conclusion, quelques propositions qui me paraissent de nature à être examinées sérieusement par l'Académie et par l'autorité administrative.

Le sujet que je vais avoir l'honneur de traiter devant vous, messieurs, est à la fois du domaine de la statistique, de la médecine légale et de la moralité publique.

La statistique est une science, ou pour mieux dire, un élément de science en quelque sorte moderne dans son application officielle à la mortalité. Elle remonte, en France, à l'année 1772. Néanmoins, le relevé du dépouillement annuel de l'état civil, interrompu de 1792 à 1799, ne fut repris qu'en 1800.

Depuis cette époque, l'administration à laquelle préside M. le ministre de l'agriculture et du commerce publie annuellement les résultats que MM. les préfets sont dans l'usage de lui transmettre.

Ce n'est pourtant qu'à dater de 1841 que les mort-nés ont été distraits de la mortalité générale et relevés séparément. Cependant les renseignements officiels sur leur nombre absolu ne sauraient être consultés avec quelque confiance qu'à partir de 1846 ou même de 1853.

Nous nous servirons plus tard dans ce travail de ces rensei-

(1) Quoique nous l'ayons dit plusieurs fois dans ce mémoire, nous répétons encore que les chiffres qui forment la base de ce travail, ainsi que ceux qui nous ont servi comme terme de comparaison, ont toujours été pris dans la mortalité à domicile.

gnements que nous avons l'honneur de tenir de la haute obligeance de M. le ministre de l'agriculture et du commerce.

A Paris les documents sur les mort-nés remontent à environ trente-sept ans. C'est en 1822 que, par ordre de M. le comte de Chabrol, alors préfet de la Seine, on a commencé à les faire ressortir de la mortalité générale.

Les tableaux statistiques publiés en 1829 et 1841, établissent que le nombre des mort-nés est, en moyenne, pour une période de douze années, de 1825 à 1836, de 9,91 centièmes p. 100 ou de 1 sur 10,8 centièmes (voyez le tableau ci-joint).

Relevé général des actes de décès à domicile pour Paris pendant treize années, de 1824 à 1836.

Années.	Décès.	Mort-nés.
1824	13961	1487
1825	16064	1521
1826	15617	1547
1827	14202	1631
1828	14967	1626
1829	15268	1713
1830	16673	1727
1831	15220	1709
1832 (choléra)	37315	1720
1833	15565	1755
1834	14021	1748
1835	15142	1811
1836	14645	1787
Total général	219590	21782

Le rapport du nombre des mort-nés aux décès est de 9,91 pour 100.

Ainsi, il y a treize ans, pour établir notre point de départ comme médecin, nous savions par nos lectures qu'*en France*, au commencement du siècle, sur 10 000 naissances on comptait, en moyenne, 300 mort-nés, c'est-à-dire un trentième. Puis, vingt ans plus tard, un vingt-deuxième.

Nous savions aussi que, pour Paris, sur 100 décès on en comptait 8, puis 9 pour 100 d'enfants mort-nés ; mais là s'arrêtaient les renseignements que l'on trouvait dans le domaine de la science et de la statistique.

C'est avec ces notions bien vagues que nous sommes entré en 1846 dans le service de l'inspection de la vérification des décès. Nous n'avons pas tardé à nous apercevoir que le nombre des enfants mort-nés était considérable, plus considérable que nous ne le pensions, et nous avons bientôt senti la nécessité d'appeler l'attention de l'administration sur cet important sujet qui, par sa nature même et par ses causes, pouvait échapper à sa vigilance ou recevoir une interprétation toute particulière. C'est ainsi que dès 1829, dans le volume de statistique publié par la ville de Paris, on cherche déjà à se rendre compte de l'augmentation de la mortalité des enfants mort-nés. On compare la mortalité dans les hôpitaux à la mortalité à domicile. On trouve, pour les premiers, que sur 1000 naissances il y a 33 mort-nés, et pour la mortalité à domicile, 57 mort-nés sur 1000 naissances, et l'on en conclut que cette différence tient à ce que beaucoup d'enfants qui, à domicile, meurent le premier, le deuxième ou le troisième jour de leur naissance, sont déclarés à l'état civil comme mort-nés, ce qui n'arrive pas dans les hôpitaux.

C'est, du reste, encore aujourd'hui la raison principale sur laquelle se fonde l'administration pour expliquer l'accroissement des mort-nés.

Toutefois, pour nous qui n'avions pas d'idées préconçues, nous devions, au début des fonctions qui nous étaient confiées, nous contenter de noter purement et simplement les faits qui se présentaient à notre observation. Sans doute, ainsi que nous venons de le dire, nous trouvions la mortalité des enfants mort-nés bien grande, mais ce ne fut pourtant qu'après quelques années d'exercice, et lorsque les chiffres de chaque année vinrent nous démontrer l'accroissement progressif des mort-nés, accroissement qu'il était impossible de ne pas reconnaître, que nous nous préoccupâmes d'une question qui nous semblait offrir un intérêt incontestable pour la science et pour l'administration. Nous avons même le souvenir d'en avoir entretenu l'honorable et savant M. Trébuchet, auquel nous avons communiqué à cette époque une série de tableaux indiquant la proportion des mort-nés par rapport à la mortalité générale.

Cette préoccupation d'esprit était bien légitime, alors que, certains mois, nous trouvions que dans tel arrondissement, le 4e ou le 5e par exemple, le nombre des mort-nés était de 1 sur 6, ou même de 1 sur 5 décès, c'est-à-dire de 20 pour 100.

Nous prîmes dès lors la résolution d'étudier avec le plus grand soin ce sujet qui nous paraissait digne de toute notre attention, et de l'élucider par des recherches incessantes que notre position de médecin inspecteur de la vérification des décès nous permettait de poursuivre chaque jour.

Ce sont ces recherches qui se traduisent en chiffres que nous allons faire connaître à l'Académie. C'est la partie aride de notre travail, mais c'est aussi celle qui établit, en quelque sorte mathématiquement, la preuve de nos assertions.

Nous avons dit précédemment que l'état civil considérait d'abord comme mort-né tout enfant qui ne lui était pas présenté vivant ; mais, que la dénomination de mort-né n'était définitive qu'après le certificat de visite du médecin vérificateur des décès. On comprend qu'en opérant ainsi il ne saurait y avoir d'erreur, et que toute objection qui serait faite au point de vue de l'exactitude du classement des enfants mort-nés, n'aurait aucune valeur.

Ceci établi, nous trouvons que pour 1846 la mortalité générale dans le 4ᵉ arrondissement a été de 831 décès, sur lesquels on compte 130 enfants mort-nés, c'est-à-dire 1 sur 6 1/2.

Années.	Décès.	Mort-nés.	Rapport.
1847.........	858	120	1 sur 7
1848.........	811	99	1 8
1849 (choléra)..	1333	93	1 14
1850.........	710	95	1 7 1/2
1851.........	815	99	1 8
1852.........	754	118	1 6
1853.........	815	87	1 9
1854.........	851	75	1 11
1855	622	68	1 9
1856.........	540	65	1 8
1857.........	596	70	1 9
1858.........	597	68	1 9

En tout, pour le 4ᵉ arrondissement, pendant treize années, 10 153 décès et 1187 mort-nés, c'est-à-dire 1 sur 8,5 ou 12 pour 100.

Pour le 5ᵉ arrondissement nous trouvons :

Années.	Décès.	Mort-nés.	Rapport.
1846.........	1992	263	1 sur 8
1847.........	2112	240	1 9
1848.........	1960	236	1 8
1849 (choléra)..	3110	227	1 14
1850........	1753	225	1 8
1851.........	1806	245	1 7 1/2
1852.........	2133	245	1 9
1853.........	2278	239	1 9 1/2
1854.........	2804	318	1 9
1855.........	2332	276	1 8 1/2
1856.........	2075	306	1 7
1857.........	2337	280	1 8
1858.........	2231	337	1 7

En tout, pour le 5ᵉ arrondissement, pendant treize années, 28 923 décès et 3437 mort-nés, 1 sur 8,5 ou 12 pour 100.

Enfin, pour le 6ᵉ arrondissement, nous trouvons :

Années.	Décès.	Mort-nés.	Rapport.
1846............	2113	236	1 sur 9
1847............	2101	233	1 9
1848.	2214	201	1 11
1849 (choléra)..	3360	221	1 15
1850............	1890	268	1 7
1851............	2036	261	1 8
1852............	2059	248	1 8
1853............	2276	226	1 10
1854............	2757	243	1 11
1855............	2495	234	1 10 1/2
1856............	2079	264	1 8
1857............	2182	274	1 8
1858............	2002	231	1 9

En tout, pour le 6ᵉ arrondissement, pendant treize années, 29 564 décès et 3140 mort-nés, 1 sur 9,4 ou 10,6 pour 100.

En conséquence, la moyenne totale pour les trois arrondissements soumis à nos investigations pendant treize années, a été d'un enfant mort-né sur 8,8 ou de 11,5 pour 100.

Sans doute ce résultat général atténue les résultats partiels, et les modifie, mais seulement en ce sens qu'il établit une période d'augmentation sur les périodes précédentes. Autrement dit, les mort-nés qui, en 1824, étaient à domicile de 5 pour 100 et une fraction, de 1825 à 1836 de 9,91 pour 100, sont aujourd'hui de 11 pour 100, ou de 110 sur 1000 décès. Les décès étant aux naissances comme 90 est à 100 ; augmentation énorme et de près du double en trente-quatre ans.

Alors même que cette augmentation des mort-nés tiendrait à des causes diverses, elle n'en est pas moins réelle. N'importe sous quel aspect on chercherait à l'étudier, soit en prenant le rapport des mort-nés aux naissances, soit en prenant pour base la mortalité générale, on arrive toujours à un accroissement notable du nombre des mort-nés.

Chargé d'un service administratif officiel, à la tête duquel est placé un homme d'un grand savoir et d'une grande expérience, M. Husson, chef de la 2ᵉ division de la préfecture de la Seine, nous avons dû l'entretenir du résultat de nos investigations qu'il connaissait, du reste, déjà par nos rapports de chaque mois. M. Husson, que les travaux de cette nature intéressent doublement, et comme administrateur et comme auteur d'un livre fort remarquable sur les Consommations de la ville de Paris, livre que l'Académie des sciences a couronné, et qui renferme des documents précieux sur le mouvement de la population parisienne, a bien voulu prendre en considération l'exposé de nos recherches, et nous aider de ses bons conseils.

Pour lui, cet accroissement de la mortalité des mort-nés a besoin d'être encore étudié dans ses causes, et, comme jusqu'à présent, il semble surtout particulier à la ville de Paris, il en trouve jusqu'à un certain point l'explication dans les influences diverses, morales et physiques, qui sont réunies dans une grande capitale.

Cependant les idées de l'auteur des CONSOMMATIONS DE PARIS paraissent s'être fixées davantage depuis la publication de son livre, et bien qu'il lui semble que le temps seul puisse fournir des données assez concordantes pour devenir la base d'une opinion définitive à ce sujet, il croit que l'on peut attribuer principalement l'augmentation persistante du nombre des enfants mort-nés à l'accroissement de certains éléments de la population parisienne, à la mollesse des habitudes domestiques et à l'affaiblissement graduel de l'organisation physique des femmes dans les classes élevées. C'est ce qu'il se propose de démontrer dans un travail plus développé dont il s'occupe.

Quoi qu'il en soit, M. Husson dans les recherches statistiques sur le mouvement de la population, recherches servant de point de départ à son savant traité des CONSOMMATIONS DE LA VILLE DE PARIS, établit que pour les naissances comparées aux décès, la progression ne suit pas, depuis un certain nombre d'années, les lois naturelles qui président au développement et à l'accroissement de l'espèce. C'est ainsi que, prenant pour base des périodes de dix années, de 1750 à 1849, c'est-à-dire dans l'espace d'un siècle ; il prouve que, pour ce qui regarde les naissances, on remarque que chaque dénombrement de la population constate une légère diminution du nombre des naissances par rapport à la population.

Dans la période de 1817 à 1831, on trouve 1 naissance sur 26,87 habitants.

De 1831 à 1836, 1 naissance sur 28,66 habitants.
De 1836 à 1841, 1 naissance sur 29,59 habitants.
De 1841 à 1846, 1 naissance sur 30,64 habitants.
De 1846 à 1855, 1 naissance sur 31,98 habitants.

Poursuivant ces recherches, M. Husson trouve que de 1817 à 1851, il existe pour les mort-nés un accroissement dont il détermine la proportion ainsi qu'il suit :

De 1817 à 1831, 1 mort-né sur 17,67 naissances.
De 1831 à 1836, 1 mort-né sur 16,10 naissances.
De 1836 à 1841, 1 mort-né sur 15,25 naissances.
De 1841 à 1846, 1 mort-né sur 14,45 naissances.
De 1846 à 1851, 1 mort-né sur 14,44 naissances.

Ces relevés tendraient à établir que sur 14 naissances on compte 1 mort-né ou 7 pour 100 et une fraction. Nos recherches prouvent que dans les douze arrondissements de Paris, pendant treize années, sur 100 décès il y en a eu 14 d'enfants mort-nés. La différence qui existe entre ces deux chiffres est facile à expliquer. Les relevés faits par M. Husson sont établis sur la mortalité générale de la ville de Paris, les hôpitaux compris ; tandis que les chiffres qui servent de base à notre travail ne comprennent que la mortalité à domicile. De plus, les relevés de M. Husson s'arrêtent à l'année 1851 ; de telle sorte que pendant sept années il n'a pas été tenu compte de la progression des mort-nés. Enfin, nous avons dit que les décès étaient aux naissances comme 90 est à 100.

Telles sont les raisons qui expliquent une différence qui n'est pas réelle. Opérant avec les mêmes données, M. Husson se serait nécessairement rencontré avec nous, cela est de toute évidence.

Devant des faits qui résultent de documents parfaitement exacts, fournis par l'état civil de la ville de Paris, et l'on sait que cet état civil est considéré à juste titre en Europe comme un modèle que toutes les nations civilisées s'efforcent de suivre, il ne saurait y avoir de doute. Cependant il était possible de craindre que, par des circonstances fortuites, ce qui avait lieu dans trois arrondissements ne se produisît pas également dans les autres, et que l'ensemble des nombres recueillis dans les douze arrondissements, également pendant les mêmes treize années, donnât peut-être un autre résultat.

Cette considération ayant suggéré à M. Husson la pensée d'étendre aux douze arrondissements de Paris les recherches que nous avions limitées à trois arrondissements seulement, nous avons adopté avec empressement la proposition qui nous était faite, et voici un exposé rapide par arrondissement et par périodes de treize années des chiffres que nous ont fournis les relevés statistiques que l'administration municipale fait dresser annuellement :

Pour le 1er arrondissement, pendant treize années, la totalité des décès à domicile, de 1846 à 1858, a été de 25 038, sur lesquels on compte 2335 mort-nés; 1 sur 10 ou 9,33 pour 100.

Pour le 2ᵉ arrondissement, le nombre des décès pendant la même période, a été de 24 725, sur lesquels on compte 2642 enfants mort-nés; 1 sur 9,3 ou 10,68 pour 100.

Pour le 3ᵉ arrondissement, 14 946 décès, 2104 mort-nés; 1 sur 7,11 ou 11,12 pour 100.

Pour le 4ᵉ arrondissement, 10 153 décès, 1187 mort-nés; 1 sur 8,5 ou 12,70 pour 100.

Pour le 5ᵉ arrondissement, 28 523 décès, 3137 mort-nés; 1 sur 8,5 ou 12,70 pour 100.

Pour le 6ᵉ arrondissement, 29 564 décès, 3140 mort-nés; 1 sur 9,4 ou 10,62 pour 100.

Pour le 7ᵉ arrondissement, 18 820 décès, 2015 mort-nés; 1 sur 9,35 ou 10,68 pour 100.

Pour le 8ᵉ arrondissement, 39 910 décès, 3360 mort-nés; 1 sur 11,87 ou 8,11 pour 100.

Pour le 9ᵉ arrondissement, 15 800 décès, 2193 mort-nés; 1 sur 7,20 ou 13,87 pour 100.

Pour le 10ᵉ arrondissement, 28 594 décès, 2294 mort-nés; 1 sur 12,5 ou 8,2 pour 100.

Pour le 11ᵉ arrondissement, 19 320 décès, 2659 mort-nés; 1 sur 7,2 ou 13,67 pour 100.

Pour le 12ᵉ arrondissement, 36 929 décès, 4474 mort-nés; 1 sur 8,25 ou 12,11 pour 100.

Le total de la mortalité dans les douze arrondissements de Paris pendant treize années, a été par conséquent de 292 715 décès à domicile, et celui des mort-nés de 31 833; 1 sur 9,15 ou 10,87 pour 100, autrement dit 11 pour 100.

Et si l'on défalque de ce chiffre les décès de cholériques qui ont été en 1849 de 19 615 et en 1854 de 8500, en tout 28 115, il ne reste plus que 264 609 décès ordinaires, et par conséquent le rapport véritable des mort-nés aux décès se trouve alors être de 12,3 pour 100.

Rapprochons maintenant ces chiffres des chiffres également officiels que nous avons extraits des documents publiés à d'autres époques par l'administration, et la preuve de l'accroissement des enfants mort-nés ressortira de ce rapprochement.

En 1829, on comptait à domicile, ainsi que nous l'avons déjà dit, 57 mort-nés sur 1000 naissances, 5,7 pour 100, ou, pour rester dans les rapports des décès aux naissances, 6,33 pour 100.

En 1844, pour une période de treize années, nous trouvons 9,84 pour 100 d'enfants mort-nés,

En 1859, pour une période égale de treize années, le nombre des enfants mort-nés s'élève à 11 pour 100.

Maintenant si, d'une part, le nombre des naissances diminue par rapport à la population, puisqu'il était, de 1817 à 1831, de 1 sur 26,87 habitants, et que, de 1846 à 1855, nous ne le trouvons plus que de 1 sur 31,98 habitants ; si, d'autre part, le chiffre des mort-nés a augmenté, dans la même période, de 9 à 11 pour 100, il n'est pas étonnant que les recensements de la population, soit à Paris, soit en France, ne présentent plus la progression quinquennale ou décennale que l'on avait observée pendant de longues années. Il y a dans ce fait un enseignement qui n'échappera pas à l'autorité administrative.

Il ne nous reste plus qu'à rechercher et à indiquer les causes de cette augmentation des enfants mort-nés par rapport à la mortalité générale. Mais, avant d'aborder cette partie délicate de notre travail, exposons brièvement ce que l'on connaît aujourd'hui de la mortalité des enfants mort-nés pour toute la France, et, si nous comparons cette mortalité à celle de la capitale, nous arriverons à une différence bien significative.

Nous avons dit ailleurs que ce n'était qu'à partir de 1841 que, pour toute la France, les mort-nés avaient été distraits de la mortalité générale et relevés séparément ; mais qu'il ne fallait considérer les chiffres fournis par la statistique comme ayant une valeur absolue qu'à partir de 1853.

Dans la période de 1841 à 1850, le nombre des mort-nés pour toute la France, sur 100 naissances, s'est élevé de 3,11 pour 100 à 3,74 pour 100.

En 1854, il a été de 4,13 pour 100.

Quoique ce chiffre se trouve bien éloigné de celui que donne la ville de Paris, l'administration supérieure s'en est émue. Dans sa pensée, cet accroissement n'est qu'apparent, et tient à l'exécution de plus en plus exacte des circulaires qui prescrivent de distinguer les enfants mort-nés des autres décès. Aux termes de ces circulaires, dans les départements, les maires doivent comprendre sous la dénomination de mort-nés les enfants décédés avant, pendant l'accouchement, et dans les trois jours qui l'ont suivi. Ces circulaires devront être modifiées, sans quoi la statistique des mort-nés sera toujours inexacte.

Quoi qu'il en soit du plus ou moins de confiance que l'on puisse avoir dans les relevés statistiques faits pour toute la

France au point de vue des mort-nés, voici un tableau pour onze années de cette mortalité, de 1846 à 1856.

En 1846, la mortalité générale pour toute la France a été de 820 918 décès, sur lesquels on compte 34 454 mort-nés, 4 pour 100.

Années.	Décès.	Mort-nés.	Rapport.
1847..........	849054	33024	4 pour 100
1848..........	836693	34296	4 —
1849..........	973471	37274	4 —
1850..........	761640	37055	5 —
1851..........	817449	37553	5 —
1852..........	810695	37454	5 —
1853..........	795596	38570	5 —
1854..........	992779	38184	4 —
1855..........	936833	37893	4 —
1856..........	835017	47786	5 —

Pour la France entière, 9430005 décès; 406500 mort-nés. La moyenne a donc été de 4 pour 100.

Il est évident que ce chiffre ne saurait être considéré comme exact. Nous le donnons à titre de renseignement. Il est plus que probable que, dans beaucoup de communes, quels que soient les efforts et les recommandations de l'autorité supérieure, on ne tient pas entièrement compte de ses prescriptions. La différence entre Paris et le reste de la France est de 7 pour 100; cela n'est point admissible, et avec le temps, lorsque les circulaires administratives seront suivies plus ponctuellement, la moyenne des mort-nés augmentera sensiblement. Nous en trouverions la preuve dans ce qui se passe actuellement en Autriche, où l'on cherche, en fait d'état civil, à prendre la France pour modèle, et où l'on enjoint, dans chaque localité, de distraire les mort-nés de la mortalité générale. Il y a quelques années, M. de Czœrnig, directeur de la statistique administrative à Vienne, écrivait à M. le ministre de l'agriculture et du commerce que, d'après les documents qui lui étaient transmis, il n'y avait dans l'empire d'Autriche qu'un mort-né pour 100 décès. Aujourd'hui M. de Czœrnig dit qu'il faut en compter 4 pour 100. En France, comme en Autriche, on arrivera à un nombre plus considérable, nous le répétons, à mesure que les prescriptions de l'administration seront mieux suivies.

Nous devons ces renseignements officiels, et qui ont été bien précieux pour nous, à l'obligeance de M. Legoyt, chef du bureau de la statistique générale de la France, au ministère de l'agriculture et du commerce. Les connaissances profondes de ce fonctionnaire public, que tous les savants qui s'occupent de statistique consultent toujours avec profit, nous ont été très utiles. Nous prions M. Legoyt d'agréer nos remercîments pour l'empressement qu'il a bien voulu mettre à nous éclairer de ses bons conseils.

Maintenant que nous avons démontré l'accroissement des mort-nés par rapport à la mortalité générale, examinons quelles sont les causes de cet accroissement, et allons tout d'abord au-devant de quelques objections qui, pour Paris en particulier, ne nous paraissent nullement fondées.

La principale objection faite à l'accroissement que nous signalons est celle-ci : il y a cinquante ans, les mort-nés étaient confondus dans la mortalité générale ; cela est vrai, et c'est à peine si, dans quelques départements, il y a trente ans, on a commencé à les en distinguer. Ce n'est qu'en 1841 que, par les soins de l'administration, des instructions ont été données à tous les maires pour séparer les mort-nés des décès ordinaires ; et ce n'est même, à vrai dire, que depuis 1846 que l'état civil en France, à l'aide de tableaux statistiques, inscrit les mort-nés à part. Depuis cette époque l'accroissement est notable, puisqu'il était en 1846 de 3 pour 100, et que dix ans plus tard nous le trouvons de plus de 4 pour 100. Aussi n'avons-nous parlé des mort-nés en France qu'à titre de renseignement et comme point de comparaison. Mais à Paris il est impossible de faire la même objection. L'état civil des mort-nés est placé à part depuis trente-sept ans, et les dispositions qui ont été prises par l'administration sont telles, que le chiffre des mort-nés par rapport à la mortalité générale est parfaitement rigoureux ; et comme ce chiffre, dans l'espace de trois périodes, chacune d'environ dix ans, a toujours tendu à s'accroître, il faut nécessairement trouver une explication à cet accroissement.

Une ville comme Paris est, sans aucun doute, placée dans des conditions particulières. Il faut admettre que les mœurs y sont plus relâchées que dans le reste de la France, et reconnaître que la débauche et le libertinage y trouvent plus facilement à se produire. Les désordres divers qui sont la conséquence du vice et de l'inconduite en augmentant le nombre des naissances expliquent celui des mort-nés. C'est dans cet ordre d'idées qu'il faut chercher les éléments de cette mortalité, et pour nous qui, depuis treize années, étudions avec soin cet intéressant sujet, nous n'hésitons pas à attribuer l'augmentation des mort-nés aux avortements provoqués, et à l'administration trop fréquente du seigle ergoté par les sages-femmes.

C'est notre conviction, basée sur une longue observation, sur des aveux ou sur les faits de cette nature qui nous sont dévoilés.

Cette proposition posée et considérée par nous comme l'expression de la vérité, examinons la question des avortements provoqués, au point de vue médico-légal, philosophique et administratif.

En médecine légale, on entend par avortement l'accouchement avant terme provoqué avec une intention criminelle par des aliments, des breuvages, des médicaments, des violences, ou par tout autre moyen.

Le Code pénal, livre III, article 317, porte que quiconque, par aliments, breuvages, médicaments, violences, ou par tout autre moyen, aura procuré l'avortement d'une femme enceinte, soit qu'elle y ait consenti ou non, sera puni de la réclusion.

La même peine sera prononcée contre la femme qui se sera procuré l'avortement à elle-même, ou qui aura consenti à faire usage des moyens à elle indiqués ou administrés à cet effet, si l'avortement s'en est suivi.

Les médecins, chirurgiens et autres officiers de santé, ainsi que les pharmaciens qui auront indiqué ou administré ces moyens, seront condamnés à la peine des travaux forcés à temps, dans le cas où l'avortement aurait eu lieu.

Voilà la loi dans toute sa sévérité. Elle est parfaitement claire et précise. Est-elle juste? Est-elle en rapport avec nos mœurs, ne devrait-elle pas être modifiée dans ses dispositions et dans ses rigueurs? Abordons la question franchement. Il naît à Paris 37 697 enfants chaque année, et sur ce nombre on compte 11 749 enfants naturels, près du tiers. Nous avons pris le chiffre de l'année 1856.

La morale publique, la société, la religion même, tout réprouve la femme qui devient mère hors du mariage, et pourtant les passions sont les mêmes chez l'homme comme chez la femme; la faute est la même, l'excuse ne l'est pas, et la femme supporte seule toutes les peines et toutes les misères qui, chez elle, sont la conséquence d'un moment de faiblesse ou d'entraînement des sens.

C'est une thèse que nous n'avons pas la prétention de traiter ici, où nous ne voulons qu'indiquer les points qui se rattachent à notre sujet, mais qui offriraient aux moralistes de profondes méditations.

Toujours est-il que, quand les sens sont calmés, quand la femme se trouve seule, sans appui devant la société qui la flétrit et la repousse, on comprend que trop souvent elle doive être portée à faire disparaître les traces de sa faute, afin de se soustraire à toutes les misères que l'avenir lui prépare.

On comprend que devant tant et de si grandes infortunes la femme pense à se débarrasser du fruit de sa faute, qu'elle y soit poussée par de mauvais conseils ou par des conseils intéressés. On comprend que la cupidité lui offre les moyens d'arriver à ce but. De là les avortements fréquents que nos fonctions de médecin inspecteur de la vérification des décès nous mettent à même d'observer ou de soupçonner. De là aussi les nombreuses maisons d'accouchements où, malgré la surveillance active de l'administration, se pratiquent clandestinement les manœuvres coupables à l'aide desquelles la femme échappe à la situation malheureuse qui lui était réservée en devenant mère.

Certes nous sommes encore loin, sous ce rapport, des peuples de l'Asie, et surtout de la Perse, où l'on voit dans les grandes villes, comme Téhéran et Ispahan, des écriteaux portant : *maison d'avortement.* Là, les opérations à l'aide desquelles on procure l'avortement des femmes enceintes, non-seulement ne sont pas punies par la loi, quoique cependant la loi musulmane réprouve l'avortement, mais elles sont même considérées comme naturelles et comme ayant surtout un caractère d'humanité (1).

Nous avons dit dans le cours de ce travail que notre position de médecin inspecteur des décès nous avait souvent mis à même ou de recevoir des aveux d'avortements provoqués, ou de soupçonner que des manœuvres criminelles avaient été exercées. Nous avons dit aussi que, par son importance, cette question avait déjà fixé plusieurs fois l'attention de l'administration, et que le magistrat éminent qui est placé à la tête de l'édilité parisienne la considérait comme d'autant plus digne de toute sa sollicitude que, lorsqu'il était préfet de la Gironde, il avait par ses soins apporté de grandes et salutaires modifications dans tout ce qui concernait la police médicale d'une vaste et populeuse cité.

A l'époque où M. Orfila était membre de la commission municipale de la ville de Paris, et faisait partie du conseil supérieur d'inspection, il avait compris qu'il y avait quelque chose à faire, et le sujet intéressant des avortements provoqués

(1) Ici se trouvaient placés quelques renseignements qui nous avaient été communiqués sur les avortements en Orient, et particulièrement en Perse. Nous ne croyons pas devoir livrer à l'impression des faits que nous n'avions cités qu'à titre d'étude philosophique.

allait être mis en discussion, lorsque les événements de 1848 vinrent arrêter les travaux que la commission avait formé le projet de mettre à exécution.

En effet, cette question des avortements provoqués est complexe et fort délicate à traiter, quel que soit l'aspect sous lequel on l'envisage. Le médecin inspecteur est, sans contredit, fonctionnaire public ; il représente l'administration, et, comme tel, il a mission d'observer, de recueillir et porter à la connaissance du comité tous les faits relatifs aux décès qui lui paraissent devoir intéresser l'administration, la justice, la science, la morale ou l'humanité.

Ainsi il ne saurait y avoir de doute sur les devoirs qui lui sont imposés, et lorsqu'il découvre qu'une femme a succombé ou qu'un enfant est venu au monde prématurément, à la suite de manœuvres coupables, il ne doit pas hésiter à signaler le fait à l'autorité administrative, dont il est le représentant.

Mais, généralement, voici comme les choses se passent : lorsque le médecin inspecteur se présente pour procéder à l'examen du corps d'un enfant déclaré mort-né, il trouve quelquefois la mère de cet enfant souffrante ou malade même très dangereusement. Il questionne soit la famille, soit l'entourage, soit la patiente. S'il soupçonne que des manœuvres criminelles ont été pratiquées, il tâche de savoir la vérité, et presque toujours les assistants nient ou disent ne rien savoir.

Si un aveu lui est fait, c'est, la plupart du temps, de la femme elle-même qu'il le tient, au milieu de la douleur et des craintes de la mort. C'est une sorte de confession faite au médecin en réclamant ses conseils et son aide devant le danger. Évidemment l'aveu n'est pas fait à l'homme de la loi. Et cela est si vrai que, si la malheureuse femme qui avoue en pleurant sa faute, et la résolution qu'elle a prise ou qu'on lui a conseillé de prendre, savait que cet aveu sera porté à la connaissance de l'administration et de la justice, si elle savait qu'elle sera compromise, que ses paroles vont lui faire encourir, à elle et à ceux qui l'ont aidée, une peine sévère, à coup sûr elle ne parlerait pas. C'est au médecin, toujours paternel et discret, qu'elle s'adresse, et la plupart du temps même en lui demandant le secret.

Voilà comment il nous arrive d'être fréquemment, et j'appuie sur ce mot, initiés aux manœuvres coupables qui amènent la délivrance prématurée de tant de femmes.

Voilà comment aussi nous pouvons affirmer que l'accroissement des enfants mort-nés reconnaît principalement pour cause les avortements provoqués.

On voit combien la position du médecin est difficile, et combien son embarras doit être grand en présence d'une situation véritablement exceptionnelle. Si l'aveu est fait au médecin à titre de secret, doit-il et peut-il le divulguer? Et, à la rigueur, ne tomberait-il pas sous le coup de l'article 378 du Code pénal, qui porte : que les médecins, chirurgiens et autres officiers de santé, les sages-femmes et autres personnes dépositaires par état ou profession des secrets qui leur sont confiés, qui, hors le cas où la loi les oblige à se porter dénonciateurs, auront révélé ces secrets, seront punis d'un emprisonnement d'un mois à six mois, et d'une amende de 100 francs à 500 francs?

Supposons un instant que le médecin inspecteur auquel une femme confie qu'on s'est livré sur elle à des manœuvres criminelles pour la faire avorter s'empare de cette confidence, et en fasse l'objet d'un rapport à l'autorité, évidemment celle-ci se trouvera, et avec raison, saisie, et devra intenter une action judiciaire. Mais, dans ce cas, la femme inculpée ne pourra-t-elle pas, et ne lui suggérera-t-on pas la pensée de dire qu'elle n'a fait connaître son crime au médecin que sous le sceau du secret, et que si elle avait pu supposer un moment que ses aveux seraient transmis à la justice, elle se serait bien gardée de les faire, et ne pourrait-elle pas, à bon droit, invoquer l'article 378 du Code pénal, et intenter un procès au médecin? Sans aucun doute, l'action de celui-ci serait justifiée, et l'autorité le prendrait sous son égide.

Toutefois, cette question, envisagée au point de vue des difficultés qu'elle présente, fournit matière à réflexions. Aussi est-ce en considération de ces difficultés mêmes que l'autorité administrative s'est préoccupée et se préoccupe encore d'un sujet dont la solution importe à la fois à la justice, à la sécurité des familles et à la morale publique.

Nous croyons en avoir dit assez sur cette matière, et avoir prouvé que ce n'était pas sans raison que nous avions soulevé dans ce mémoire la question des avortements provoqués. Et comme, dans notre pensée, l'accroissement des mort-nés tient essentiellement à ce que, de jour en jour, il se pratique un plus grand nombre d'avortements, il était nécessaire de bien préciser la portée de notre opinion, et de faire connaître à l'Académie tout ce qui se rattache à ce point du sujet que nous traitons.

La seconde proposition que nous avons formulée au commencement de ce travail, c'est que si l'accroissement des mort-nés reconnaît pour cause principale les avortements provoqués, il trouve aussi son explication dans l'administration trop fréquente du seigle ergoté au moment de l'accouchement, alors qu'il y a paresse ou inertie de la matrice, et, le plus souvent, défaut de patience de la part du médecin ou de la sage-femme.

Nous rappellerons que nous avons établi dans notre mémoire sur l'action du seigle ergoté dans la parturition que, sur 515 enfants mort-nés que nous avons visités dans l'espace de quatre années, nous avons trouvé qu'indépendamment de 22 avortements provoqués, avoués ou reconnus, de 11 cas où nous avons pu soupçonner que des manœuvres criminelles avaient été pratiquées, 72 fois il avait été administré du seigle ergoté plusieurs heures avant l'accouchement, et que, dans notre conviction la plus profonde, la mort de ces 72 enfants tenait à l'administration de cette substance.

Dans cette assertion si positive de notre part, il n'y a ni idées systématiques, ni idées préconçues. Il y a une vérité dont nous nous sommes efforcé de faire la démonstration ; vérité qui s'établira avec le temps, c'est notre conviction, et qui, bien certainement, aurait pour chacun de vous, messieurs, la valeur d'une certitude, si vous étiez appelés à faire seulement pendant quelques mois le service de la vérification des décès.

De tout ce qui précède, il résulte la preuve mathématique que le nombre des enfants mort-nés à Paris tend toujours à s'accroître, et que depuis trente ans il a constamment été en augmentant. Ce résultat, ce sont les relevés de l'état civil qui l'établissent, puisque le nombre des mort-nés était en 1829 de 5 pour 100 et une fraction, en 1839 de 9,91 pour 100, et qu'il est en 1859 de 11 pour 100.

Et comme à un accroissement de cette nature il faut une explication, tout en reconnaissant qu'on peut assigner à cette augmentation du nombre des mort-nés des causes diverses, nous estimons que les principales sont les avortements provoqués et l'emploi trop fréquent du seigle ergoté dans le travail de la parturition.

Là se bornent les conclusions que nous croyons devoir tirer de tous les documents que nous venons de présenter à l'Académie.

Il ne nous reste plus en terminant ce travail qu'à former le vœu que le motif qui nous l'a dicté soit pris en considération par l'Académie et par l'administration.

La question des avortements provoqués est, sans aucun doute, d'une solution difficile, mais elle n'est pas au-dessus de la prudence, des lumières et de la ferme volonté de l'autorité.

Elle intéresse tellement la société, que nous sommes convaincu qu'elle éveillera toute la sollicitude des hommes qui, par leur position, sont appelés à être les gardiens vigilants de la loi et de la morale publique.

Quant à l'administration du seigle ergoté, que nous considérons comme une des causes qui déterminent fréquemment la mort des enfants au moment de la délivrance, nous pensons que l'Académie pourrait en faire un objet d'étude et nommer une commission qui ne chercherait nullement à faire prévaloir telle ou telle opinion, mais qui, en s'entourant de toutes les observations acquises à la science, en examinant leur valeur et en réunissant tous les documents désintéressés, sincères, qui existent sur cette importante question, pourrait éclairer l'administration, formuler des préceptes, et déterminer si depuis la loi de l'an XI et les différents arrêtés qui régissent la matière, les sages-femmes peuvent faire des ordonnances ; et, dans le cas contraire, si elles ne sont pas passibles d'une peine. Elle déciderait si le seigle ergoté est un médicament, et s'il ne doit pas être classé dans la catégorie des substances que les pharmaciens ne peuvent délivrer que sur une ordonnance du médecin.

Enfin, cette commission apporterait dans la mission qui lui serait confiée cet esprit sévère, mais toujours consciencieux, qui caractérise si bien toutes les décisions académiques.

Nous ajouterons, pour ne rien omettre de ce qui peut élucider le sujet que nous traitons, que, dans une séance du comité d'inspection des décès, alors que nous étions réunis mensuellement, nous disions que, portant plus particulièrement nos investigations sur les mort-nés, notre attention s'était arrêtée sur un fait dont il nous était impossible de nous rendre compte, à savoir, que chez les enfants mort-nés, on en trouve un plus grand nombre ayant de sept mois à sept mois et demi de vie utérine. M. Tardieu avait abondé dans ce sens et avait corroboré notre assertion. Seulement, le comité, tout en reconnaissant que c'était là un fait notoire et vrai, n'avait pu se l'expliquer.

Ceci posé, en 1860, étant placé à la Société de médecine du département de la Seine à côté du docteur Devilliers, dont le corps médical connaît le profond savoir et la grande intelligence, nous lui disions : Dans notre inspection de tel jour nous sommes allé visiter un enfant mort dans le sein de sa mère depuis environ dix jours, accouchement fait par vous. Oui, nous répondit M. Devilliers, un fœtus de sept mois, né d'un père syphilitique, cela est plus fréquent qu'on ne le pense, et c'est un point de la science sur lequel il serait important d'appeler l'attention des médecins-accoucheurs. Quand je reçois, ajoutait M. Devilliers, un enfant de sept mois à sept mois et demi, mort depuis un certain nombre de jours, et que je ne trouve pas à cette mort de cause appréciable, j'établis, à priori, qu'il y a de grandes présomptions pour que cet enfant soit né de parents ayant ou ayant eu la syphilis ; et, presque toujours, si je provoque une explication de la part du père, j'apprends qu'il a eu plusieurs affections syphilitiques, généralement mal traitées, ou traitées seulement en partie. Et si j'examine l'enfant, *souvent* je trouve chez celui-ci des signes certains de la syphilis.

Maintenant, pourquoi la mort chez ces fœtus a-t-elle lieu le plus fréquemment de sept mois à sept mois et demi ? Je l'ignore ; cependant je dois ajouter que chez ces enfants le placenta est généralement atrophié. Cette atrophie ne se produirait que successivement et par le fait de la contagion, laquelle aurait probablement une période d'incubation; de telle sorte que l'effet morbide, résultat de l'affection syphilitique, ne déterminerait l'atrophie du placenta et la mort du fœtus que dans un laps de temps d'environ sept mois.

Du reste, M Devilliers a publié un mémoire Sur l'influence de la syphilis sur les nouveau-nés, et il a adressé à l'Académie en 1853, un travail étendu sur l'influence du traitement anti-syphilitique pendant la grossesse. Dans ce dernier travail il s'est occupé accessoirement de l'influence de la syphilis sur le fœtus.

L'Académie n'a pas fait de rapport, seulement les conclusions des mémoires de M. Devilliers ont été publiés dans le Bulletin de l'Académie et dans les journaux de l'époque.

M. Depaul aurait aussi émis quelques idées sur le même sujet.

L'opinion de M. Devilliers nous parait de nature à devoir être prise en considération ; elle viendrait à l'appui de nos observations, et serait une des causes de l'augmentation des mort-nés.

Enfin, nous dirons aussi que M. le docteur Jacquemin, médecin praticien des plus honorables, et à qui rien de ce qui se publie dans le monde savant n'est étranger, pense que l'augmentation des mort-nés pourrait tenir en partie à ce que, de nos jours, on fait la déclaration des décès d'enfants mort-nés ayant seulement quelques mois de vie fœtale, tandis qu'il y a à peine quelques années, on n'apportait pas dans ce service la vigilance établie actuellement. Souvent les jeunes fœtus étaient soustraits de diverses manières à l'attention de l'administration, et n'étaient pas, par conséquent, inscrits sur les registres de l'état civil.

Telles sont, messieurs, les considérations que nous a suggérées l'ensemble des faits réunis dans ce travail. Telles sont aussi les propositions qu'il était de notre devoir de soumettre à l'Académie et à l'autorité administrative (1).

(1) A ce travail se trouve joint un tableau statistique indiquant le relevé de la mortalité générale à domicile dans la ville de Paris pendant treize années, de 1846 à 1858, avec le rapport des enfants mort-nés pendant le même nombre d'années.

Paris. — Imp. de I. MARTINET, rue Mignon, 2.

Recherches sur le rapport existant entre le nombre des mort-nés et celui des décès à domicile dans la ville de Paris, pendant treize années, de 1846 à 1858.

	1846	1847	1848	1849	1850	1851	1852	1853	1854	1855	1856	1857	1858	TOTAUX.
Ier Arrondissement.														
Mortalité totale......	1701	1807	1742	2713	1678	1698	1779	1963	2272	1993	1718	1993	1981	25038
Nombre des mort-nés...	168	173	160	170	147	113	211	222	177	178	213	186	217	2335
Rapport.....	10	10	11	16	11	15	8	9	13	11	8	11	9	10,7
IIe Arrondissement.														
Mortalité totale......	1666	1819	1798	2625	1573	1782	1738	1890	2328	1890	1793	1908	1915	24725
Nombre des mort-nés...	182	190	204	175	168	189	201	205	217	207	245	207	246	2642
Rapport...........	9	9	9	15	9	9	9	9	11	9	7	9	8	9,3
IIIe Arrondissement.														
Mortalité totale......	1023	1183	1124	1580	897	1006	1049	1105	1396	1180	1086	1198	1121	14948
Nombre des mort-nés..	126	120	159	133	133	157	169	137	162	164	196	227	218	2101
Rapport..........	8	10	7	12	7	6	6	8	9	7	6	5	5	7,11
IVe Arrondissement.														
Mortalité totale......	851	858	811	1333	710	815	754	815	851	622	540	596	597	10153
Nombre des mort-nés...	130	120	99	93	95	99	118	87	75	68	65	70	68	1187
Rapport...........	7	7	8	14	7½	8	6	9	11	9	8	9	9	8,5
Ve Arrondissement.														
Mortalité totale......	1992	2142	1960	3110	1753	1806	2133	2278	2804	2332	2075	2337	2231	28923
Nombre des mort-nés..	263	240	236	227	225	245	245	239	318	276	306	280	337	3437
Rapport...........	8	9	8	14	8	7½	9	9½	9	8½	7	8	7	8,5
VIe Arrondissement.														
Mortalité totale......	2113	2101	2214	3360	1890	2036	2059	2276	2757	2495	2079	2182	2002	29564
Nombre des mort-nés...	236	233	201	221	268	264	248	226	243	234	264	274	231	3140
Rapport...........	9	9	11	15	7	8	8	10	11	10½	8	8	9	9,4
VIIe Arrondissement.														
Mortalité totale......	1481	1567	1415	2232	1257	1348	1366	1502	1724	1389	1138	1178	1183	18820
Nombre des mort-nés..	185	167	140	138	171	168	156	156	162	150	149	143	156	2011
Rapport...........	8	10	10	16	7	8	9	10	10	9	8	8	8	9,35
VIIIe Arrondissement.														
Mortalité totale......	2423	2466	2459	3728	2279	2546	2608	3420	3899	3628	3254	3565	3635	39910
Nombre des mort-nés...	183	162	182	183	196	221	224	291	308	294	351	379	386	3360
Rapport...........	13	15	14	20	12	12	12	12	13	12	9	9	9	11,87
IXe Arrondissement.														
Mortalité totale......	1128	1072	1148	1820	953	984	1081	1317	1546	1209	1106	1213	1223	15800
Nombre des mort-nés..	132	129	127	156	144	174	154	178	185	165	232	205	212	2193
Rapport...........	9	8	9	12	7	6	7	7	8	7	5	6	6	7,2
Xe Arrondissement.														
Mortalité totale......	1911	2009	1914	3081	1720	1859	1884	2292	2624	2424	2137	2399	2340	28594
Nombre des mort-nés..	152	142	155	145	148	174	164	173	188	167	216	223	247	2294
Rapport...........	13	14	14	21	12	10	11	13	14	14	9	10	9	12,5
XIe Arrondissement.														
Mortalité totale......	1361	1405	1295	1916	1261	1337	1377	1511	1713	1656	1469	1573	1447	19320
Nombre des mort-nés...	195	168	198	209	206	214	220	191	199	237	188	231	203	2659
Rapport...........	7	8	7	9	6	6	6	8	9	7	7	7	7	7,2
XIIe Arrondissement.														
Mortalité totale......	2384	2438	2362	4649	2113	2202	2381	2756	3658	3087	2705	3135	3059	36929
Nombre des mort-nés...	353	350	348	337	278	304	279	355	369	341	371	411	378	4474
Rapport...........	7	7	7	14	8	7	9	8	10	9	7	8	8	8,25
Total gén. de la mortalité	20034	20847	20241	32147	18084	19419	20209	23125	27572	23905	21160	23277	22734	292724
Total gén. des mort-nés.	2305	2180	2209	2187	2179	2319	2379	2460	2603	2481	2796	2836	2899	31833
Rapport...........	9	10	9	15	8	8	8½	9	10	10	7½	8	8	1/9
Rapport pour 100.....	11,59	10,47	10,91	6,80	12,04	11,93	11,77	10,63	9,44	10,37	13,68	12,18	12,75	10,87 des décès 11 p. 100

La mortalité totale, pour toute la ville de Paris, a été pendant treize années de 292 724 décès, sur lesquels on compte 31 833 morts-nés. Le rapport des morts-nés aux décès se trouve par conséquent être de 1 sur 9, ou de 10,87 pour 100; mais si on défalque les décès de cholériques, qui ont été en 1849 de 19 615 et en 1854 de 8500, en tout 28 115, il ne reste plus que 264 609 décès ordinaires, et le rapport des morts-nés aux décès se trouve alors être de 12,3 pour 100.